현이, 5박 6일 경제 여행을 마치다

초등사회 주제학습 05 소비와 저축
원이, 5박 6일 경제 여행을 마치다

지은이 | 은예숙
그린이 | 우지현

펴낸날 | 초판 2006년 1월 5일
　　　　개정판 2025년 9월 1일

펴낸곳 | (주)도서출판 북멘토
펴낸이 | 김태완

출판등록 제6-800호(2006. 6. 13.)
주소 03990 서울시 마포구 월드컵북로 6길 69(연남동 567-11) IK빌딩 3층
전화 02-332-4885 팩스 02-6021-4885

ⓒ 은예숙, 우지현 2006

※ 잘못된 책은 바꾸어 드립니다.
※ 이 책은 저작권법에 따라 보호를 받는 저작물이므로 무단 전재와 무단 복제를 금합니다.
※ 이 책의 전부 또는 일부를 쓰려면 반드시 저작권자와 출판사의 허락을 받아야 합니다.
※ 책값은 뒤표지에 있습니다.

ISBN 978-89-92410-27-4 73320

인증 유형 공급자 적합성 확인 **제조국명** 대한민국 **사용연령** 8세 이상
KC마크는 이 제품이 공통안전기준에 적합하였음을 의미합니다.
종이에 베이거나 책 모서리에 다치지 않도록 주의하세요.

초등사회 주제학습 05 소비와 저축

원이, 5박 6일 경제 여행을 마치다

은예숙 지음 | 우지현 그림

북멘토

경제, 원이를 만나다

'하나, 둘, 셋, 넷……, 일곱! 칠만 이천 원. 야호~ 역시 설날이 최고라니까!'

친척들이 다 돌아가시기도 전에 나는 세뱃돈을 가지고 동네 문구점으로 달려갔습니다. 문구점에 들어서자마자 그동안 눈독 들여 놓았던 유희왕 카드며, 게임 아이템을 살 수 있는 카드, 개구리 중사 케로로 프라모델 들을 덥석덥석 집어 들었지요. 그러고는 주머니 속 세뱃돈을 자랑스럽게 계산대 위에 올려놓았습니다. 한 달 용돈과 다름없는 돈 이만 원이 순식간에 스르륵 주인 아저씨의 주머니 속으로 들어갔어요.

처음엔 큰 돈을 한꺼번에 썼다는 생각에 불안한 마음이 들었어요. 하지만 칠만 이천 원 중에 겨우 이만 원 쓴 것이라고 생각하니 별 것 아닌듯 했죠. 우와~ 한 달 동안 한 푼도 쓰지 않고 꼬박 모아야 살 수 있는 것들을 이 한순간에 다

가지게 되다니! 두 손 가득 쥐기도 어려울 만큼 많은 프라모델을 가지고 다니며 으스대던 민찬이. 고 녀석이 기죽을 생각을 하니 걱정은커녕 오히려 가슴이 터질 것처럼 설레이기까지 했습니다.

다음날 아침, 식사를 준비하시던 엄마가 갑자기 내일 함께 은행에 가서 세뱃돈을 저금하자고 하시지 뭐예요. 나는 대답을 할 수가 없었어요. 내가 슬금슬금 눈을 피하자 엄마의 눈빛은 점점 더 날카롭게 변해 갔습니다. 이미 머릿속은 하얘져서 아무 변명거리도 떠오르지 않았지요.

이만 원이나 되는 큰 돈을 다 써 버린 나에게 엄마와 아빠의 설교가 쏟아졌어요. 왜 상의도 없이 큰 돈을 네 맘대로 썼느냐, 책이나 노트도 아니고 왜 별 필요도 없는 장난감을 샀느냐, 앞으로도 그렇게 계획성 없이 쓴다면 용돈을 한 푼도 줄 수 없다 등등. 부모님의 잔소

리는 한 시간이 넘도록 계속되었어요.

　부모님 말씀이 틀린 것은 아니었지만, 내 맘속에서는 또 다른 목소리가 더 강하게 나를 이끌었지요.

　'내 돈인데, 왜 내 맘대로 못 쓰게 하는 거냐고요!!'

　그 말을 크게 외치고 싶었지만 그래 봐야 대든다고 더 혼나기만 할 것 같아 꾹꾹 참았습니다.

　결국 씩씩거리며 내 방으로 돌아와서는 털썩 책상에 엎드리고 말았죠. 시간이 조금 흘렀을까, 엎드려 있던 나는 책들 사이에서 파란 불빛이 반짝이는 것을 보았어요.

　'어, 어……? 이건 뭐야!'

　아무래도 쓰고 남은 세뱃돈을 끼워 두었던 책 사이에서 나는 불빛 같았죠. 후다닥 책을 들춰 봤더니 갑자기 천 원짜리 한 장이 불

쑥 튀어나왔어요! 나는 깜짝 놀라 자리에서 벌떡 일어났지요.

"야, 노경제! 부모님 앞에서는 아무 말도 못 하더니, 혼자서만 퉁퉁 부어 있는 거냐?"

"뭐, 뭐야 넌 대체."

"나? 난 너처럼 돈을 제대로 못 쓰는 애들한테 한 수 가르침을 주러 온 경제 선생님이라고 할까나!"

"경제 선생님? 에이, 거짓말."

"하하, 믿기지 않나 보지? 나는 돈이야. 이름은 원이지. 나는 태어나서 지금까지 경제의 흐름을 따라 여행을 했어. 내 여행담을 듣다 보면 어떻게 소비하고 저축하면서 네 돈을 운영해야 하는지 알게 될 거야. 그러면 자연히 부모님도 너를 믿고 용돈을 맡기실 거고. 그때쯤 용돈 올려 달라고 부모님께 논리적으로 이야기 할 수도 있을 걸."

"**우와~** 정말 그럴 수 있게 된단 말이야? 원이야, 빨리 여행 이야기를 들려줘. **어서어서.**"

원이야, 같이 가~

어서 따라와~

원이의 여행 지도

1장 돈, 넌 어디서 왔니?

1. 원이, 세상과 만나다 • 12
2. 세상을 향한 첫걸음 • 19

2장 돈, 소득과 지출의 균형을 찾아라!

3. 지갑 속 다양한 친구들 • 26
4. 원하는 게 끝이 없군 • 32
5. 돈, 쓰기 전에 생각해봐 • 38

11. 원이, 또 다른 여행을 꿈꾸다 • 82

원이, 세상과 만나다

 한국조폐공사

"아함-!"

찌뿌드드한 기운을 털어 내기 위해 기지개를 켜 봅니다. 며칠 전부터 바깥세상에 나갈 준비를 하느라 바쁘게 움직여서인지 몸이 몹시 피곤했거든요.

내가 누구냐고요? 나는 방금 태어난 돈이랍니다.

난 네모난 모양에 보랏빛을 띠고 있어요. 내 몸에 1000이라는 숫자가 쓰여 있어서인지 사람들은 나를 '천 원짜리 지폐'라고 불러요. '지폐'라면 종이 지(紙), 돈 폐(幣) '종이돈'이라는 말이지요? 종이처럼 보이지만 사실 나는 '면'이라는 질긴 천으로 만들어졌답니다.

나는 태어나기 며칠 전부터 아주 힘든 시간을 보내야 했어요. 덩치 큰 아저씨들이 나와 형제들을 마구잡이로 큰 기계 속에 집어 넣지 뭐예요. 기계 속에서 나는 얇게 눌려져 종이처럼 되었답니다. 너무나 아팠지만 새로 바뀔 내 모습을 생각하며 꾹 참았죠.

잠시 후에 우리는 다른 곳으로 옮겨져서 색색의 잉크로 된 옷을 입게 되었어요. 새 옷을 입으니 기분까지 좋아졌지요.

'와, 내가 이렇게 예쁘게 변하다니!'

바뀐 모습에 감탄하는 사이, 곧바로 우리는 몸 가장자리를 울퉁불퉁하게 찍어 내는 기계로 옮겨졌어요. 우리를 흉내 내는 가짜들이 생기지 않도록 가려낼 표시를 해 두는 거래요.

그러고 나서도 한참을 줄을 서서 기다려야 했어요.

'이번엔 무슨 일이 일어날까?'

기대에 차 있었는데, 커다란 칼날이 내 몸 위로 떨어지는 게 아니겠어요? 칼날이 몸에 닿는 순간, 나는 그만 기절하고 말았지요. 아마 그때, 한 몸이었던 다른 형제들과 헤어지게 된 것 같아요.

그리고 바로 오늘에야 긴 잠에서 깨어나게 되었어요. 나는 처음 보는 많은 친구들과 함께 끈에 묶여져 비닐 속에 담겨 있었지요.

어, 어, 잠깐만요! 내 몸이 흔들리고 있어요. 사람들이 우리를 모두 차에 싣더니 어딘가로 데려가고 있어요.

 한국은행 금고 안

이곳은 아무것도 알아볼 수 없는 캄캄한 곳이에요.

'여기가 어딜까?'

구석에 앉아 꾸벅꾸벅 졸고 있는 동전 할아버지께 여쭈어 보았습니다.

"저, 할아버지, 여기가 어디예요?"

"여기는 한국은행의 금고 안이란다."

"한국은행이요? 한국은행이 뭐 하는 곳이죠? 대체 제가 왜 여기에 온 거예요?"

"허허. 녀석, 성격 참 급하기도 하네. 그나저나 네 이름이 뭐지?"

"저는 원이라고 해요."

"그래, 원이야. 이 할아버지가 하나씩 찬찬히 설명해 주마."

"그렇지. 원이야, 네 옆구리를 보면 '한국은행'이라고 찍혀 있지?"

"정말! 이제 보니 할아버지 얼굴에도 써 있어요."

"그래, 우리가 한국은행에서 태어났다는 표시지."

"그렇군요. 그런데 할아버지, 여긴 너무 캄캄해요. 우린 언제까지 이 속에 있어야 하나요?"

"글쎄, 아마도 너는 곧 세상으로 나가 여행을 하게 될 것 같구나."

"여행이요? 그럼 어디로 가는 건데요?"

"우선 널 필요로 하는 다른 은행으로 가게 될 거야."

"여기도 은행이잖아요? 그런데 왜 다른 은행으로 가야 하죠?"

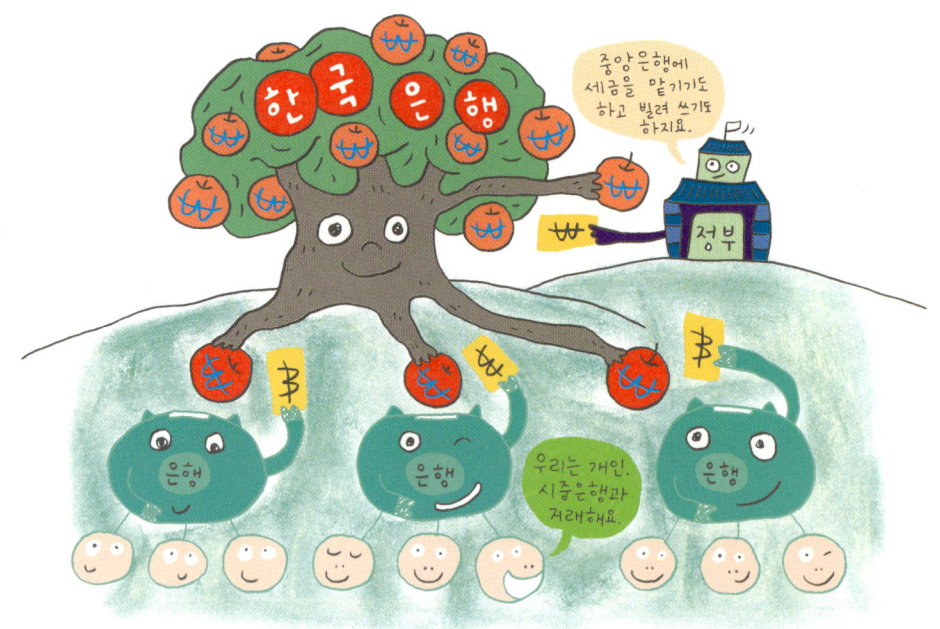

"다른 은행과 달리, 한국은행은 개인과는 거래하지 않고 은행이나 정부하고만 거래한단다. 아마 한국은행에서 저금 통장을 만들었다고 하는 사람은 한 사람도 없을 게다."

"에이, 무슨 은행이 그래요?"

"한국은행은 은행의 돈을 맡아 주거나 빌려 주는 일을 하지. 또 정부가 필요로 하는 돈을 빌려 주기도 하고, 세금으로 거둔 돈을 맡아 두었다 필요할 때 빼어 쓸 수 있도록 관리해 준단다."

"오호, 그럼 한국은행은 은행의 은행, 정부의 은행이네요. 그런데요, 할아버지는 언제 다시 여행을 떠나세요?"

"난 이제 그만 쉬어야지. 이미 여행을 여러 번 다녀온 후라 몸에 상처도 많이 생겼고 몹시 피곤하단다."

"여행은 무척 힘든가 봐요. 그래도 빨리 여행을 떠나고 싶어요. 바깥세상이 어떤 곳인지 정말 궁금하거든요. 여기는 정말 답답해요."

"허허, 나도 그랬지. 곧 여행을 떠나게 될 테니 푹 쉬도록 하렴."

"예. 바깥세상 구경을 제대로 하려면 잠을 좀 자두어야겠죠?"

 한국은행 창구

갑자기 금고 문이 열리더니 금고 안이 환해졌어요. 너무 눈이 부셔서 나도 모르게 두 눈을 꼭 감았답니다. 그 사이 은행원이 뚜벅뚜벅 다가와 나와 친구들을 밖으로 옮기기 시작했어요.

금고 밖으로 나가니 커다란 가방을 들고 있는 아저씨가 있었습니다.

"희망 은행에서 왔습니다. 지난번에 빌려 간 돈을 갚으려고 합니다."

그 뒤에도 큰 가방을 든 다른 아저씨가 있었어요.

"자유 은행입니다. 이번에는 돈을 빌리려고 왔습니다."

동전 할아버지 말씀대로, 정말 한국은행은 다른 은행에 돈을 빌려 주고 돌려받는 일을 하고 있었어요.

나와 친구들은 자유 은행에서 온 아저씨의 큰 가방에 담겼어요. 가슴이 두근거리네요. 드디어 나도 세상으로 나와 여행을 시작하게 된 거예요!

그래서, 그래서, 그래서 돈은 왜 필요한가요?

재화 | 사람들의 욕구를 충족시키는 눈에 보이는 물건 (연필, 장난감, 자동차 등)
서비스 | 사람들의 욕구를 충족시키는 것 중 눈에 보이지 않는 것 (의사의 진료, 선생님 강의 등)

세상을 향한 첫걸음

 **자유 은행**

흔들흔들 들썩거리던 몸이 갑자기 편안해졌습니다. 드디어 자유 은행에 도착한 것 같아요.

여기까지 오는 내내 어수선하고 어리둥절하기만 했어요. 도로를 달리는 동안 차가 얼마나 흔들리는지 우리는 계속 멀미를 했지요. 게다가 엔진 소리는 어찌나 시끄러운지, 그저 빨리 조용한 곳에서 쉬고 싶다는 생각밖에 들지 않았어요.

드디어 차가 멈추고 가방이 열렸죠. 갑자기 들이닥친 빛 때문에 나는 살짝 미간을 찌푸렸어요. 좁은 공간에 서로 다닥다닥 붙어 있다가 밖으로 나오니 공기가 맑고 시원해서 기분이 상쾌했지요. 은행 안은 무척 근사했어요. 운 좋게도 나는 은행 안을 두루두루 구경할 수 있는 탁 트인 곳에 자리를 잡게 되었답니다.

'자, 이제 은행이 어떤 곳인지 슬슬 구경 좀 해 볼까?'

북적거리며 활기차게 움직이는 은행을 구경하는 것은 참 재미있었어요. 사람들의 발길이 끊이지 않고 이어졌어요. 돈을 저축하거나 빌리기 위해, 혹은 다른 나라 돈으로 바꾸기 위해 은행에 온 사람들이죠. 정말 많은 사람들이 은행을 찾는다는 것을 알 수 있었어요.

은행의 바쁘고 중요한 일과들을 구경하는 재미에 한참 푹 빠져 있을 때, 누군가 갑자기 나를 번쩍 들어올렸어요. 은행원 누나가 나를 창구에 올려놓은 것이랍니다. 순식간에 나는 양복을 입은 어떤 아저씨의 가방 속으로 옮겨졌습니다.

아저씨는 나와 친구들을 흐뭇한 표정으로 바라보면서 중얼거렸어요.

"이 돈으로 우리 회사 직원들의 월급을 줘야지. 열심히 일한 직원들이 이 돈을 받으면 무척 기뻐하겠지?"

이 아저씨는 아마도 한 회사의 사장인가 봐요.

'조금 있으면 내가 누군가의 월급이 된다는 거네? 와, 드디어 은행이 아닌 다른 곳으로 가게 되는구나! 회사는 과연 어떤 곳일까?'

새로운 세계를 만나게 된다고 생각하니 정말 설레였어요. 어찌나 신이 나는지 아저씨의 힘찬 발소리를 따라 나도 모르게 휘파람까지 불었답니다. 휘휘~.

그래서, 그래서 그래서 눈에 보이지 않는 돈도 있나요?

지갑 속 다양한 친구들

 **사장 아저씨 지갑**

나는 지금 '폴짝폴짝 신발 공장' 사장 아저씨의 지갑 속에 있어요. 이 지갑은 널찍한 사무실 안에서도 가장 볕이 잘 드는 책상 위에 놓여 있답니다. 갑갑한 지갑 안에서 따스한 햇볕이 드는 창 밖을 바라보니 제법 가까이 구름이 보입니다. 아마도 건물의 꽤 높은 층까지 올라왔나 봐요.

지갑 속 공간이 너무 비좁아서 달싹달싹 몸을 움직여 보았습니다. 그때, 누군가와 툭 부딪쳤어요.

"어이, 꼬마야."

나와 부딪친, 푸른 옷을 입은 만 원 아저씨가 말을 걸어왔습니다.

"저를 부르신 거예요? 저는 꼬마가 아니고 원이인데요."

"하하 그래, 원이야, 너 은행에서 나온 지 얼마 안 되어 지갑 속이 불편한가 보구나?"

"예? 어떻게 족집게처럼 알아맞히세요? 저는 태어나서부터 얼마 전까지 계속 은행에만 있었어요. 은행 바깥세상은 여기가 처음이에요."

아저씨는 내가 귀엽다는 듯 웃음을 터뜨렸어요.

"하하, 첫눈에 알아봤지. 주름 하나 없이 빳빳한 피부에 두리번거리는 모습까지, 누구라도 네가 세상 경험이 없는 아이란 걸 알 수 있을 게다."

"아저씨는 세상 구경 많이 해 보셨어요? 재미있나요? 좋으셨어요? 어디어디 다녀 보셨어요? 그 상처는 어쩌다 생긴 거예요?"

"후유, 그렇게 한꺼번에 물어 보면 어떻게 대답을 하니? 먼저 다른 친구들과 인사부터 하고 차근차근 얘기하도록 하자."

아저씨 말을 듣고서야 많은 돈들이 나를 둘러싸고 있었다는 걸 알았어요.

"모두들 안녕하세요? 저는 원이에요. 세상 구경이 처음이라 너무 떨리고 기대돼요. 여러분은 어디에서 오셨어요?"

먼저 오천 원 아주머니가 자랑스럽다는 듯 자신의 이야기를 시작했어요.

"난 한 아이의 저금통에서 살았었지. 그러던 어느 날 아이가 시장에서 나를 신발과 바꿨어. 나는 작은 신발 가게를 거쳐 신발 도매상의 주머니 속에 들어갔다가 마침내 신발 공장인 이곳으로 오게 되었단다. 난 이 회사 사장이 사업을 해서 벌어들인 사업 소득 중 하나지."

난 제조회사 사장! 신발을 만들어 팔아 사업 소득을 얻어요.

난 소매상과 거래하는 도매상.

난, 소비자. 신발 주세요.

난 소비자와 직접 거래하는 소매상.

돈, 소득과 지출의 균형을 찾아라!

"이 신발 공장은 운동화를 만드는 회사야. 이번에 개발한 인기 만화 캐릭터 운동화가 아주 많이 팔렸다는군."

처음 나와 부딪혔던 만 원 아저씨가 설명해 주셨어요.

이어서 하얀 옷을 입은, 색다른 분위기를 풍기는 십만 원 아주머니가 입을 열었어요.

"반갑다, 원이야. 난 이 건물 1층에 있는 장난감 가게에서 왔어. 신발 공장 사장이 바로 이 건물의 주인이라, 장난감 가게 주인에게 건물의 한 층을 빌려 주고 대신 돈을 받는단다. 그래서 내가 이곳에 오게 된 거지."

"그래서 사람들이 십만 원 여사를 임대료라고 불러."

이번에도 어김없이 아는 체를 하며 만 원 아저씨가 말했어요.

"아저씨는 참 대단하세요. 이것저것 모르는 게 하나도 없으신 것 같아요. 그런데 아저씨, 저는 왜 이곳에 오게 된 것일까요?"

"아마도 넌 은행에서 받은 이자일 거야."

"이자라고요? 그게 뭐예요?"

"은행에 돈을 예금하면 일정 기간이 지날 때마다 맡겨 놓은 돈의 대가를 예금자에게 준단다. 그게 바로 이자라는 거야."

"아, 그럼 은행에 맡긴 돈은 엄마 돈, 나는 이자니까 아기 돈이네요. 그렇죠?"

"정말, 맞는 말이네. 하하하하."

나의 말에 아주머니와 아저씨들이 웃음을 터뜨렸어요.

"그런데 우린 언제까지 여기에 있게 되나요?"

"내 생각에는 우리 모두 곧 나가게 될 것 같구나. 아까 은행에서 사장이 하는 말 다들 들었지? 오늘 직원들 월급날이잖아."

"월급이 되면 우리는 어디로 가요?"

"사장이 직원들이 열심히 일한 대가로 우릴 건네주면, 우린 그 직원들 중 하나의 집으로 가겠지?"

우리가 얘기를 나누고 있는 사이, 나를 은행에서 데리고 왔던 바로 그 사장 아저씨가 들어오셨어요. 사장 아저씨는 나와 다른 여러 장의 지폐를 봉투에 담아 누군가에게 건넸어요.

"오보람 씨, 지난 한 달 동안 열심히 일해 주어서 고마워요. 앞으로도 우리 회사를 위해 수고해 주세요."

월급이 된 나는 오보람 씨의 가슴 안쪽 주머니에 쏘옥 들어가게 되었습니다.

소득은 어떻게 얻나요?

원하는 게 끝이 없군

 오보람씨 집

집으로 향하는 오보람 씨의 발걸음에 힘이 넘치네요. 아마도 월급 때문인 것 같아요. 내가 오보람 씨를 즐겁게 해 준 것 같아, 덩달아 내 마음도 행복해졌어요.

오보람 씨는 집에 들어서자마자 자랑스럽게 월급 봉투를 내밀었어요. 건네받은 부인의 눈빛에도 기쁨이 어렸습니다.

'사람들이 나를 좋아하네? 내가 열심히 땀 흘려 일한 대가여서일까? 아무튼 누군가에게 기쁨을 줄 수 있다니, 정말 행복한 걸!'

월급 봉투를 받아 든 보람 씨의 아내는 곧바로 탁자에 앉더니 공책에 무언가 열심히 적기 시작했습니다. 봉투 사이로 살짝 엿보았더니 펜이 바쁘게 움직이고 있었죠.

"먼저 식비와 주거비, 각종 공과금으로 사용할 돈부터 챙겨 놓고, 그 다음엔 슬기의 교육비, 저축하고 투자할 돈, 그리고 기부금. 이런! 꼭 써

지출예산										
소비								저축	투자	기부
식료품비	주거비	피복비	세금 공과금	보건 의료비	교통 통신비	광열 수도비	교육 문화비	정기적금 보통예금	믿음 증권	유니세프
쌀 쇠고기 우유 등 주·부식비	주택부금 집세 수리비 등	옷 양말 등 의류 구입비	주민세 자동차세 적십자 회비 등	병원 치료비 약값 등	자동차 할부 연료 전화 사용료	전기 요금 수도 요금 등	등록금 학원 수강료 영화 책 등			
50만원	10만원									

야 할 돈을 제하고 나니 얼마 안 남았네."

보람 씨의 아내는 지출할 항목에 맞춰 꼼꼼히 지출할 금액을 적고 있었어요. 그런데 아무래도 무언가 문제가 생긴 모양이에요.

"어쩔 수 없다. 이번 달 통신비와 문화 생활비는 좀 줄여야겠어."

아까부터 엄마가 하는 일을 호기심 어린 눈으로 바라보던 딸 슬기가 물었어요.

"엄마, 가계부 쓰세요?"

"응, 이번 달 예산을 세우는 중이란다."

엄마, 예산이 뭐예요?

예산은 어디에 얼마를 쓸 것인지 미리 생각해 두는 걸 말해.

돈, 소득과 지출의 균형을 찾아라!

"그걸 꼭 미리 생각해 봐야 하나요? 그때그때 그냥 쓰면 되잖아요."

"그렇지 않단다. 수입은 정해져 있는데 계획 없이 지출을 하게 되면 나중에 돈을 꼭 써야할 곳에 못 쓰는 경우가 생기지 않겠니? 너 지난번에 신이 생일 선물을 사야 하는데 용돈을 미리 다 써버려서 선물 못 산 적 있었지? 그게 바로 계획하지 않고 지출을 해서 그렇게 된 거란다."

"그러니까 돈을 어디에 얼마나 지출할 것인지 미리 계획을 세워라, 이 말씀이시죠?"

"그래, 엄마도 꼭 필요한 곳에만 적절하게 쓰기 위해 항상 예산을 먼저 세우는 것이란다."

"엄마! 그러면요, 이번 달 예산에 제 용돈 좀 많이 잡아 주세요!"

"우리 슬기가 원한다고 해서 무작정 돈을 줄 수는 없지. 우선 꼭 지출해야 할 중요한 곳을 정한 다음에 한번 생각해 보자꾸나. 중요한 곳에 먼저 쓴 다음, 덜 중요한 곳의 지출은 줄이거나 나중으로 미루어야 하거든."

"대체 중요한 일은 어떤 거예요? 제겐 제 용돈이 제일 중요하다고요."

약간 부루퉁해진 슬기가 입술을 삐죽이며 말합니다. 그러고 보니 사람마다 중요한 곳이 다 다르지 않을까 하는 생각이 드네요.

"그런데 슬기는 용돈을 더 받아 어디에 쓰려고 하니?"

"음……, 새로 나온 CD도 사고 싶고, 요즘 유행하는 필통도 사고, 친구들이랑 떡볶이도 더 자주 먹었으면 좋겠고, 종이접기 책도 갖고 싶고, 또……."

"뭐야, 그것 말고도 더 있단 말이야? 정말 원하는 게 끝이 없구나. 슬기

 야, 한번 생각해 보렴. 먼저 먹고, 자고, 입는 문제가 해결되지 않는다면 그것들도 아무 소용 없지 않겠니? 꼭 필요한 기본적인 것들이 먼저 해결되고 난 뒤에야 슬기가 갖고 싶고, 먹고 싶다던 것들도 의미가 있을 거야. 학생이 준비물 대신 CD를 사는 건 결코 현명한 선택이 아닌 거지."

 "그럼 엄마, 나중에 여유가 생기면 그때는 제가 하고 싶은 것 다 해 주실 거죠?"

 잠자코 듣고만 있던 슬기의 아빠, 오보람 씨가 거들었어요.

 "하고 싶은 걸 다? 아마 끝이 없을 걸! 아까 슬기가 말한 것처럼 CD도 사고 싶고, 유행하는 옷도 사고 싶고, 예쁜 인형도 갖고 싶고, 최신 핸드폰도 탐이 나고……, 이렇게 새로운 욕구는 계속 생겨날 테니까 말이다.

돈, 소득과 지출의 균형을 찾아라! ● 35

자기의 욕구에만 귀 기울인다면 아무리 많이 가져도 결코 만족할 수는 없을 게다."

"그래, 아빠 말이 맞다. 하고 싶은 것, 갖고 싶은 것은 한없이 많은데 돈과 시간은 정해져 있잖니. 그러면 어떻게 해야 하느냐? 정해진 돈과 시간 안에서 최대한 만족할 수 있도록 소비하고, 그 다음 나머지는 포기! 알겠지?"

슬기가 엄마 말씀을 잘 알아들었는지 비로소 고개를 끄덕이네요. 나, 돈을 적절하게 잘 쓴다는 것은 쉬운 일이 아닌가 봐요. 꼭 필요한 것부터 쓰고, 원하는 것 중에서도 가장 원하는 것이 무엇인지 곰곰 생각해 보고

써야 하니까요. 게다가 자기가 가진 돈과 시간 안에서 필요와 욕구를 잘 헤아려 선택해야 한다니, 정말 어려운 일인 것 같아요.

그나저나 보람 씨 월급으로는 가족이 하고 싶은 것을 모두 다 할 수 없을 텐데 어떻게 하지요? 슬그머니 걱정이 되네요. 이제부터 보람 씨 가족이 어떤 슬기로운 결정을 내릴지, 또 나를 어디에 지출할지 정말 궁금해집니다.

돈, 쓰기 전에 생각해 봐

 슬기네집

　슬기의 엄마는 나와 친구들을 손에 들고 슬기를 부르셨어요.
　"슬기야, 여기 이번 달 용돈이다."
　내가 어떻게 쓰일까 궁금했는데, 히힛, 나는 슬기의 용돈이 되었어요. 슬기가 좋아하는 모습을 보니, 뿌듯한 마음이 들었어요.
　슬기는 나를 받아서 자기 방으로 들어갔어요. 그리고 책상 앞에 앉더니 수첩을 꺼내어 엄마가 그랬던 것처럼 뭔가를 적었다 지웠다 하기 시작했어요. 궁금한 마음에 살짝 들여다보니 거기에는 CD, 필통, 종이접기 책 등 사고 싶은 물건을 비롯해 저축, 친구들과 간식 사 먹기 등 돈을 쓰고 싶은 내역들이 빽빽하게 적혀 있었어요. 군데군데 지우개로 지웠다 쓴 흔적이 많은 것을 보니 슬기가 꽤 고민을 한 것 같아요.
　자기가 쓴 내역을 바라보며 곰곰이 생각에 잠겼던 슬기는 벌떡 일어나 엄마에게로 갔어요. 그러고는 지출 내역이 적힌 수첩을 엄마에게 내밀며 말했어요.

"엄마, 이것 좀 보세요. 이번 달에 제가 하고 싶은 것을 다 하려면 오늘 주신 용돈의 두 배는 더 있어야 되겠어요."

방금 전 부모님과 이야기할 때는 중요한 곳에만 지출해야겠다고 마음먹었지만 막상 하고 싶은 것 중에서 포기할 것을 정하려니 쉽지 않은가 봐요.

"정말 그렇구나. 그런데 이 많은 것을 정말 다 하고 싶니?"

"예, 이걸 다 하면 소원이 없을 것 같아요."

"그래? 그러면 내일 하루, 용돈을 네 마음대로 한번 써 보거라."

"그래도 돼요? 야, 신난다!"

"대신 내일 오후에 엄마랑 네 지출에 대해 생각해 보는 시간을 갖는 거다. 알았지?"

"예! 좋아요. 아, 신난다!"

 학교에서 다시 슬기네 집으로

학교 공부가 끝난 슬기는 지갑을 열어 나를 바라보더니 흐뭇한 미소를 지었어요. 그리고 친구들에게 말했지요.

"얘들아, 호호, 나 어제 용돈 받았거든. 내가 떡볶이 왕창 사 줄게."

"야호, 슬기가 사는 거야? 그렇담 내가 맛있게 먹어 주지."

"하하, 얼른 가자!"

슬기는 친구들에게 학교 앞 분식점에서 떡볶이와 튀김을 사 주었어요.

친구들 앞에서 한껏 으스댈 수 있어서 즐거운 듯 보였지요.

그러다 친구들과 헤어져 집에 가는 길에는 문구점에 들렀어요.

"오, 예! 예전부터 이 필통 정말 갖고 싶었는데, 드디어 살 수 있게 됐군. 아주머니, 이 필통 주세요."

아주머니가 필통을 꺼내는 동안 주위를 두리번거리던 슬기는 또 뭔가를 발견하고 소리쳤어요.

"와, 저 장식 달린 연필 좀 봐! 정말 예쁜 걸. 연필도 함께 주세요."

슬기는 필통은 물론 예쁜 장식이 달린 연필까지 샀답니다. 그것만이 아니었어요. 집 앞 슈퍼마켓으로 성큼성큼 들어가더니 과자도 한 봉지 샀답니다. 슬기가 무언가를 한 가지씩 살 때마다 나는 지갑에 있던 친구들과 하나 둘 슬픈 이별을 해야 했지요.

"학교 다녀왔습니다."

엄마가 활짝 웃으며 슬기를 반기시네요.

"우리 딸, 잘 다녀왔니? 그런데 손에 뭘 그렇게 많이 들고 있니?"

"필통하고 연필이요. 필통만 사려고 했는데 이 연필에 달린 장식이 너무 예뻐서 같이 샀어요. 그리고 이건 과자고요."

"연필도 샀어? 계획에 없던 충동구매를 했구나. 예쁘긴 하다만 네 용돈이 얼마나 남았을지가 걱정이다."

슬기는 그제야 지갑을 열어 보았답니다.

"어떡하죠? 어제 주신 용돈의 거의 절반을 쓴 것 같아요."

"할 수 없지 뭐. 이제 남은 절반으로 다음 달 용돈 받을 때까지 지내야 되겠구나."

"어, 그건 좀 힘들 것 같아요. 그냥 용돈을 더 주시면 안 돼요?"

"그럴 수는 없어. 엄마의 이번 달 예산도 아주 빠듯한 걸. 그리고 어제도 말했듯이 네가 하고 싶은 것을 적당히 포기하지 않는다면 용돈을 올려 줘도 넌 계속 부족하다고 생각할 거야."

"음……, 그럴 것도 같아요. 그런데 지금처럼 사용할 곳은 많은데 가

돈, 소득과 지출의 균형을 찾아라!

진 돈이 별로 없을 때 어른들은 어떻게 하나요?"

"어떤 사람들은 가장 필요한 곳에 먼저 쓰고, 우선순위에서 밀려난 것들에는 아예 안 쓰려고 노력한단다. 가진 돈 내에서만 소비하는 거지. 하지만 경우에 따라 은행이나 다른 사람에게 돈을 빌려서 쓰기도 한단다. 갑자기 가족 중 누군가가 큰 병에 걸렸다거나, 집을 새로 얻어야 하는데 저축한 돈이 없을 때 말야. 네가 그 정도로 절박한 상황이라면 엄마도 어렵긴 하지만 다음 달 용돈을 미리 줄 수도 있어."

"정말요?"

갑자기 큰 돈이 생긴다는 얘기에 솔깃해 하던 슬기가 곰곰 생각해 보더니 금방 시무룩해져서 말했어요.

"그러면 다음 달에 쓸 돈이 없잖아요. 다음 달에 또 빌려야 해요? 그럼 빌린 돈이 계속 쌓일 텐데, 어쩌죠?"

"빌린 돈이 많아져 돈을 제때에 갚지 못하면 신용이 좋지 않은 사람이 된단다. 그러면 생활하기가 아주 어려워지지. 사람들은 물론, 은행에서도 그런 사람과는 거래하고 싶어 하지 않거든. 그래서 정말 필요할 때 더 이상 돈을 빌릴 수 없게 되고, 결국 파산하게 되는 거지."

"엄마, 저 그냥 이번 달에는 남은 용돈으로 알뜰하게 써 볼게요. 그런데 그러려면 제 계획 중에 어떤 것을 먼저 포기해야 할까요? 결정하기가 쉽지 않아요. 엄마, 비법 좀 가르쳐 주세요."

"좋아! 그럼 엄마가 선택의 비법을 알려 주지. 그 비법은 바로 '기회비용'을 따져 선택을 하는 것이란다."

"기회비용이요? 엥? 무슨 말이 그렇게 어려워요!"

 "사람들은 살아가면서 각자 가진 돈, 시간, 능력 안에서 할 수 있는 여러 가지 중에서 한 가지를 선택해야 할 때가 많단다. 그 때 포기하는 쪽의 가치를 기회비용이라고 하지. 이 때 선택한 것에서 얻는 만족이 기회비용보다 크다면 후회 없는 선택이라고 할 수 있겠지."

 "그러니까 엄마 말씀은 돈을 쓰기 전에 잘 따져 보아, 만족이 큰 곳에 먼저 예산을 세우라는 뜻이죠?"

 "그렇지. 역시 똑똑한 우리 딸!"

 "엄마, 저 지금이라도 당장 예산을 세워야 되겠어요. 남은 용돈으로 한 달을 버티려면 고단수의 치밀한 계획이 필요할 것 같아요."

 슬기는 무언가 결심했다는 듯 자기 방으로 돌아갔어요.

"이 용돈으로 한 달을 효과적으로 지낼 수 있는 방법을 생각해 봐야겠어. 나도 엄마처럼 쓰임새에 따라 항목을 나누어 볼까?"

한참을 생각하던 슬기는 서랍에서 용돈기입장과 봉투, 그리고 저금통을 꺼냈어요.

"음…… 게임 CD는 나중에 사고, 미술 시간에 참고할 종이접기 책을 먼저 사야지. 그리고 책값은 봉투에 넣어 두자. 봉투에는 뭐라고 쓸까? 그래, 학교에서 배운 '소비'라는 말을 쓰면 되겠다. 아, '저축'할 돈을 먼저 챙겼어야 했는데. 갖고 싶은 쌩쌩 자전거를 가지려면 돈을 모아야 해. 그리고 장애인 시설에 '기부'할 돈도 챙겨야지."

슬기는 용돈을 그렇게 셋으로 나눈 다음, 저축할 돈은 저금통에 넣고 나머지 돈은 각각 소비와 기부라고 쓴 두 장의 봉투에 나누어 담았지요. 그렇게 해서 나는 슬기의 저금통 속으로 들어가게 되었어요.

합리적 선택이란 무엇인가요?

통장을 만들어요

 슬기네집

"슬기야, 아침 먹자."

아빠 말씀에 슬기는 방을 나와 거실로 갔어요. 슬기가 마침 방문을 열어 두고 나가 슬기네 가족의 목소리가 잘 들렸지요.

"슬기야, 네 저금통에 있는 돈 말인데, 계속 저렇게 놔 둘 거니?"

"저축은 미래를 위해 현재의 소비를 잠시 미뤄 두는 거라고 하셨잖아요. 전 돈을 모아서 쌩쌩 자전거를 살 생각이거든요. 미래의 소비를 위해 지금 꾹 참고 있는 중이라고요. 혹시 나중에

자전거가 사고 싶지 않더라도, 큰 돈이 되면 어떤 일에도 대비할 수 있으니 든든할

거예요."

"그래? 그렇다면 은행에 예금하는 게 어떻겠니?"

"은행에요? 저금통에 저축하는 거나 은행에 예금하는 거나 그게 그거 아닌가요?"

"아니, 다른 점이 많아. 우선 은행에 예금하면 잃어버릴 염려가 없으니까 안전하단다."

"하지만 매번 은행까지 다녀와야 하니까 번거롭잖아요."

"반대로 생각해 봐. 번거롭기 때문에 쉽게 찾아 쓰지 않을 테니 더 빨리 큰돈을 모을 수 있지 않겠니? 게다가 은행에 돈을 맡기면 이자까지 준단다."

"내 돈을 보관해 주는 것만으로도 고마운데, 이자까지 준다고요?"

"은행은 슬기가 맡긴 돈을 금고에 그저 보관해 두는 게 아니라, 그 돈을 돈이 필요한 다른 사람이나 기업에 빌려 준단다. 은행에서 돈을 빌린 사람이나 기업은 그 돈으로 사업을 해서 수익을 내거나 필요한 곳에 유용하게 사용하겠지? 물론 필요할 때 유용하게 돈을 빌려 사용했으니 은행에 대출 이자를 내야 할 테고."

아빠의 설명에 엄마가 덧붙여 말씀하셨어요.

"그러니까 은행은 슬기가 예금한 돈을 다른 사람이나 기업에 빌려 주어 이익을 보게 된 거지. 이때 그 이익의 일부는 은행이 일을 한 대가로 갖고, 일부는 슬기에게 예금 이자로 주는 거란다."

"저에게도 돈이 생기고, 기업이나 다른 사람들도 필요한 돈을 구할 수 있으니 일석이조네요. 그럼 오늘 당장 은행에 예금하러 갈래요."

"그래, 엄마가 같이 가 줄게."

저금통에서 별별 은행으로

슬기가 방으로 뛰어 들어왔어요. 학교에서 집까지 한달음에 달려왔는지 숨까지 헐떡이네요. 슬기는 방에 들어오자마자 저금통부터 집어 듭니다. 아침에 말한 대로 우리들을 데리고 은행에 가려나 봅니다. 슬기는 엄마의 손을 잡고 집을 나섰어요.

'은행은 내 고향인데. 어릴 적 생각이 나는군!'

나는 다시 은행에 가 볼 수 있어서 무척 기뻤어요.

드디어 별별 은행에 도착했습니다. 슬기는 먼저 순서를 알려 주는 번호표를 뽑았어요. 그러고는 엄마와 함께 의자에 앉아 저금통 속에 있는 나와 친구들

을 모두 꺼내더니 가지런히 펴 주었어요. 사실 그동안 좁은 저금통 안에서 몸을 구부리고 있는 것이 여간 힘든 게 아니었어요. 그런데 슬기가 부드러운 손길로 펴 주자, 구겨진 몸은 물론 마음까지 활짝 펴지는 기분이었어요. 그뿐 아니에요. 슬기가 나를 향해 다정한 미소까지 지어 주는 게 아니겠어요? 나는 붕붕 떠올라 날아갈 것 같은 기분이 되었죠. 나를 소중하게 다루어 준 슬기, 슬기는 정말 좋은 친구였어요. 그런데 이제 곧 이별을 해야 한다니 너무 아쉽지 뭐예요.

　슬기와 엄마가 순서를 기다리는 동안, 나는 새삼 고향에 온 기분이 되어 은행을 둘러보았어요. 그러다 문득 이상한 점을 발견했어요. 사람들마다 가지고 있는 통장의 색깔이나 디자인이 조금씩 달랐거든요.

　'통장 생김새가 왜 모두 다를까?'

　슬기도 같은 생각을 했나 봐요.

　"엄마, 사람들이 들고 있는 통장이 조금씩 다른데 왜 그런 거예요?"

　나도 궁금했던 터라 귀를 쫑긋 세우고 설명을 들었어요.

　"그건, 예금의 종류가 다르기 때문이란다. 사람마다 예금할 돈의 액수나 예금의 목적, 예금 기간이 다르기 때문에 은행에서는 여러 가지 종류의 예금을 만들어 놓았단다. 사람들은 그 중에서 자기에게 맞는 예금 방법을 선택해 통장을 만들면 되지."

　나는 다양한 예금들에 대해 더 알고 싶어졌어요. 하지만 슬기가 자기 차례가 되어 창구로 가는 바람에 엄마의 설명을 더 들을 순 없었지요.

"저…… 제 통장을 만들려고 왔어요."

"먼저 이 신청서를 작성하시고, 음…… 미성년자니까 부모님의 주민등록증과 주민등록등본, 그리고 도장을 함께 주세요."

은행원의 말에 슬기는 깜짝 놀라 물었어요.

"예? 돈만 있으면 그냥 통장을 만들 수 있는 게 아닌가요?"

그러자 뒤에 서 계시던 슬기 엄마가 싱긋 미소를 지으며 무언가를 내 놓았어요.

"슬기야, 걱정할 것 없다. 엄마가 다 준비해 왔거든."

"와, 엄마와 함께 와서 정말 다행이에요."

"자, 슬기야, 신청서는 네가 직접 써 보렴."

신청서를 적던 슬기가 막히는 곳이 있는지 엄마에게 물었어요.

"그런데 엄마, 비밀번호를 쓰는 곳이 있는데, 뭐라고 쓰죠?"

"글쎄. 너에게 특별한 의미가 있는 숫자라면 좋겠지. 하지만 생일이나 집 전화번호는 다른 사람들도 쉽게 알 수 있으니까 사용하지 않는 것이 좋겠구나. 물론 같은 숫자를 반복해서 쓰는 것도 좋지 않아."

"그렇다면 이 번호로 하겠어요."

슬기는 신청서에 비밀번호를 적어 은행원에게 내밀었어요. 은행원 앞에는 여러 종류의 서로 다른 통장들이 줄을 서 있었어요. 은행원이 슬기의 통장을 만드는 동안, 나는 통장들에게 말을 걸어 보았어요.

"너희들 모두 조금씩 다르게 생겼구나. 뭐가 다른지 내게 알려 줄래?"

그러자 통장들이 저마다 자기 자랑을 하기 시작했어요.

난 언제든지 돈을 맡겼다가 필요하면 바로바로 찾을 수 있는 예금이야. 예금하는 사람에게는 가장 편리하지만 은행에서는 언제 돈을 찾아갈지 몰라 관리하기가 어렵지. 그 때문인지 이자를 적게 줘.

목돈을 한꺼번에 은행에 맡길 때는 나에게! 목돈을 오랫동안 맡기기 때문에 은행에서 이자를 많이 준단다. 대신 정해진 기간이 지나야 약속된 이자를 받을 수 있어.

난 매달 일정한 금액을 꾸준히 저축하여 목돈을 만들고 싶을 때 적당한 예금이야. 규칙적으로 예금을 하고 오랫동안 찾아가지 않기 때문에 은행에서 이자를 많이 준단다. 나 역시 정해진 기간이 지나야 약속된 이자를 받을 수 있지!

통장들의 친절한 자기 소개를 듣는 사이, 나와 친구들은 한꺼번에 은행원의 손으로 옮겨졌어요. 이제 보니 슬기는 보통예금 통장을 만들었네요. 아마 용돈이 생길 때마다 그때그때 예금하고, 또 필요할 때마다 쉽게 돈을 찾고 싶은가 봐요.

잠시 후, 슬기가 뿌듯한 듯 통장을 꼭 끌어안고는 엄마와 함께 은행을 나섰지요. 나는 마음속으로 인사했습니다.

'나를 소중하게 다뤄 준 슬기야, 그동안 고마웠어!'

 저축과 소비, 어떤 것이 더 중요한가요?

# 지갑을 열게 하는 유혹

 **별별 은행에서 아름이네 집으로**

슬기 다음으로 은행 창구를 찾은 사람은 초등학생쯤으로 보이는 남자아이였어요.

"예금해 놓은 돈을 찾고 싶어서 왔어요. 통장을 확인해 주세요."

"어머, 아름아, 그동안 삼천이백 원의 이자가 생겼네."

"이자가 삼천이백 원씩이나! 은행에 예금하길 정말 잘했어요."

"그렇지! 근데 얼마를 찾을 거니?"

"만 오천 원이요."

은행원은 나와 친구들을 집어서 통장과 함께 아름이에게 건네주었어요. 아름이는 나를 손에 꼭 쥔 채로 은행 문을 나섰어요.

아름이는 한참을 걸어갔어요. 아마도 집으로 가는 길인가 봐요. 길에는 많은 간판들이 있었어요. 제일 마트, 샛별 문구, 로즈 화원, 꿈나무 서점, 으뜸 학원, 만나 제과점, 이름도 참 다양하지요?

　저만치 길 건너에서 음악 소리가 크게 들리네요. 무슨 소리일까요? 아름이도 궁금했는지 길 건너편을 바라보았어요. 새로 문을 연 음식점에서 나는 소리였어요. 화려한 풍선 장식과 기다란 춤추는 인형이 먼저 시선을 사로잡았죠. 마이크를 잡은 아저씨는 방금 구운 갈비를 맛보라면서 오가는 사람들의 발길을 붙잡았어요.

　조금 더 걸어와서 아름이와 함께 횡단보도에 서 있으니, 맞은편 건물에 있는 큼지막한 광고판이 눈에 확 들어왔어요. 광고판의 글씨들은 저마다 반짝반짝 빛을 내며 끊임없이 새로운 정보를 알려 주고 있었어요.

　드디어 아름이네 집에 도착했어요.

　현관문에 붙어 있는 '일등 학원'과 '호호 분식집'의 전단지, '우리 피자'의 스티커를 보면서 아름이가 말했어요.

　"어휴, 오늘도 광고지가 잔뜩 왔네. 어? 이 피자 가게는 새로 생겼나보네. 매운 맛의 피자라……, 맛이 어떨지 궁금한 걸. 다음에 한번 먹어 봐야겠다."

　광고지가 너무 많아 지겨워하면서도 아름이는 광고지에 실린 새로운 피자의 정보에 관심을 보이네요.

　그나저나 지금 내 몸은 온통 쭈글쭈글, 너무나 힘이 듭니다. 아름이가 은행에서 집까지 오는 내내 나를 꽉 움켜쥐고 있었기 때문이지요. 온몸에 근육통까지 느껴지는 것이 몇 년은 더 팍 늙어버린 느낌이에요.

'아름이가 나를 좀 소중하게 다뤄 주었으면 좋겠는데!'

다행히 집에 돌아온 아름이가 나를 거실 탁자 위에 내려놓아 간신히 아름이 손에서 벗어날 수 있었죠. 그때였어요.

"안, 녕."

옆에서 누군가 졸린 목소리로 인사했어요. 탁자 위에는 나 혼자 있었던 게 아니었어요. 내가 너무 지쳐 있어서 옆에 누가 있었는데도 몰랐던 것이지요.

"아, 안녕! 난 원이라고 해. 근데 너 무척 졸려 보인다."

"맞아, 아침부터 잠을 설쳤거든. 아참, 난 신문이야. 난 오늘 아침에 태어났는데, 오전 내내 여러 사람들에게 옮겨 다니느라 무척 바빴단다. 그런데 막상 여기 도착하니 아무도 내게 관심이 없네. 그래서 실은 무척 지

루하던 참이야."

"만나서 반가워. 그런데 네 몸에 있는 크고 작은 글씨들은 뭐니?"

"나는 나라 안팎의 새로운 소식과 유익한 정보를 담고 있단다. 그리고 내 안엔 많은 광고들도 있지."

"광고? 광고라면 여기까지 오는 동안 나도 질리게 봤는데."

"그래? 그렇지만 나처럼 광고를 많이 담고 있는 건 없을 걸. 라디오나 영화, 스포츠 경기에도 광고가 많긴 하지만 내게는 못 당하지. 아! 혹시 텔레비전이라면 나보다 광고가 많을 수도 있겠다."

"텔레비전에도 광고가 나오니?"

"그럼. 프로그램 사이사이에 엄청난 양의 광고를 끼워 보여 주고 있단다. 한번 볼래?"

나는 아름이와 늠름이가 보고 있던 텔레비전으로 눈길을 돌렸어요. 내가 눈을 돌린 일이 분 사이에도 세, 네 편의 광고가 후딱 지나갔지요. 갑자기 아름이의 형 늠름이가 호들갑을 떨며 엄마를 불러댔어요.

"엄마, 엄마! 바로 저거야, 저거. 나도 롱다리 학생복에서 교복 맞춰 주세요. 와, 정말 다리가 길어 보인다. 폼도 나고. 저 가수들도 롱다리 학생복 입으니까 저렇게 멋져 보이잖아요."

"엄마가 보기에, 롱다리 학생복이나 노거품 학생복이나 원단, 디자인 등 품질에서는 별 차이가 없는 것 같은데? 그런데도 가격 차이는 너무 크지 않니? 혹시 너 저 제품이 유명 브랜드라서 무조건 좋게 느끼는 것 아니야?"

"엄마도, 참! 유명 브랜드가 되는 데는 다 이유가 있는 거라고요. 제품이 좋지 않으면 브랜드 가치가 떨어지는데 계속 유명할 수가 있겠어요? 그러니 얼마나 열심히 제품 관리를 하겠어요."

"네 말도 일리가 있다만, 스타들을 광고에 쓰는 비용도 만만치 않을 거야. 우리가 내는 제품의 가격에는 광고에 들어가는 엄청난 비용이 모두 포함되어 있단다."

기업은 회사의 이미지를 담은 브랜드(상표)를 만들어요. 소비자들에게 좋은 이미지로 알려진 브랜드만으로 현재나 미래에 거둘 수 있는 이익을 브랜드 가치라고 하죠.

늠름이는 그 사실을 오늘 처음 알게 되었는지 깜짝 놀라는 듯한 표정이었어요. 엄마와 늠름이의 이야기를 듣고 나니 나도 여러 가지가 궁금해졌어요. 그래서 모든 정보에 해박한 신문에게 물어 보았죠.

"근데 광고는 누가, 왜 만드는 거야?"

"광고는 기업들이 상품을 팔기 위해 만들어 내는 거야. 사람들에게 자기 회사의 제품을 널리 알려서 조금이라도 더 많이 팔려고 하는 거란다. 사람들이 광고를 보면 그 제품을 사고 싶은 마음이 생길 것 아냐? 광고가 좋아 그 제품이 많이 팔리면 기업의 이익이 그만큼 늘어나는 거지."

"그러면 광고는 기업에게만 좋은 것 아냐?"

"꼭 그렇지만은 않아. 사람들도 광고를 통해서 어떤 제품이 새로 나왔는지, 제품의 특성은 무엇인지 등의 정보를 얻을 수 있거든."

"아하, 아름이가 매운 맛 피자가 있다는 것을 알게 된 것처럼 말이지?"

"바로 그거야. 하지만 광고 내용을 무조건 믿어서는 안 돼. 아무런 근거도 없이 무조건 자랑만 하거나, 장점만 과장되게 표현하는 광고도 많기 때문이야. 그런 광고에 넘어가지 않도록 항상 조심해야 해."

그때 아름이가 나를 향해 다가오는 것이 보였어요. 그래서 난 신문에게 서둘러 작별 인사를 했답니다.

"널 만나서 반가웠어. 그리고 정말 고마워. 네 덕분에 광고에 대해 많이 알게 되었어."

"나도 심심했는데, 말 상대가 되어 주어서 즐거웠어. 고마워."

"그래, 그럼 안녕."

그런데 아름이는 대체 나를 어디에 쓰려고 은행에서 찾아온 것일까요? 짧은 시간에 아름이와 신문, 늠름이, 그리고 아름이의 엄마까지 한꺼번에 만나다 보니 내가 왜 이곳에 왔는지 생각할 겨를조차 없었네요. 앞으로 나에게는 또 어떤 여행이 기다리고 있을까요? 또 다른 여행을 상상하니 가슴이 콩닥거립니다.

# 후회냐, 만족이냐

 **싸다 마트로**

"여기다 둔 걸 깜빡하고 한참을 찾았네. 내일이 형 생일이니까 이 돈으로 선물을 사야지."

아름이가 다가와 나를 집어 들며 말했어요. 아하, 아름이는 형 생일 선물을 사려고 나를 은행에서 찾아온 것이로군요.

'그러면 다음 여행지는 어디일까? 누굴 만나게 되려나?'

이런 생각을 하고 있는데, 아름이가 나를 대충 접더니 주머니에 넣어 버렸어요. 그 바람에 나는 또 온몸이 구겨지게 되어 몹시 아팠답니다. 문득 나를 소중하게 다루어 주었던 슬기가 그리워졌어요.

아름이는 나를 주머니에 대충 구겨 넣은 채 밖으로 나갔지요. 나가는 길에 골목길에서 아름이는 친구들을 만났어요.

"아름아, 어디 가니?"

"형 생일 선물 사러 가. 뭘 사야할지 아직 정하진 못했지만."

"아니, 뭘 살지 정하지도 않고 무작정 나왔단 말야? 후회 없는 선택을 할 수 있을까?"

나는 슬며시 아름이가 걱정되기 시작했답니다.

"우리 지금 시장 구경 가는데, 너도 같이 갈래?"

"그래, 가서 직접 보면서 고르면 되겠다! 가자."

아름이와 친구들은 근처의 대형 마트로 갔어요. 시장에 간다더니, 마트도 시장의 일종인가 봐요. 아무튼 그곳엔 수천수만 가지의 다양한 상품들이 진열되어 있었어요.

아름이는 친구들과 함께 1층부터 여기저기를 둘러보며 구경을 했어요. 한참 동안 돌아다니던 아름이가 그제서야 문득 생각난 듯 말했지요.

"얘들아, 난 이제 그만 3층으로 올라가 형에게 줄 선물을 살게."

"그래, 그럼 우리는 그만 집에 갈래."

그때 다른 친구가 말했어요.

"야, 배고프지 않냐? 2층에 가면 분식 코너 있는데……."

"에이, 돈 없는데, 그냥 가자."

친구들의 대화를 들은 아름이는 주머니 속에 든 나를 만지작거리더니 자랑하듯 말했어요.

"너희 돈 없니? 오늘은 이 형님이 돈이 좀 있으니까 한턱낼게."

어쩐 일이죠? 아름이는 친구들에게 돈이 있다고 으스대고 싶은가 봐요. 형 선물 살 돈으로 군것질을 하려고 하다니, 그러다 선물 살 돈이 부족하면 대체 어쩔 셈인지. 나는 아름이가 조금 한심해졌지요.

친구들과 함께 맛있게 먹고 난 뒤 군것질 값으로 사천 원을 낸 아름이는 기분이 무척 좋은 것 같았습니다. 글쎄, 어깨를 으쓱거리기까지 했다니까요.

친구들이 모두 집으로 돌아가고 나서야 아름이는 3층에 있는 선물 코너로 올라갔어요. 그런데 한참을 둘러보던 아름이가 한숨을 쉬네요.

"아휴, 형이 좋아할 만한 것을 사려니 돈이 부족하잖아! 게임 CD는 만 사천 원, 조립식 장난감은 만 오천 원. 그렇다고 만 천 원짜리 케이크를 사자니 우리 가족이 함께 먹기엔 너무 작고, 어쩌지? 친구들 앞에서 큰소리치느라 돈을 다 써 버리고 말았네."

예상대로 아름이는 친구들 앞에서 큰소리친 것을 금세 후회하고 있었어요. 터덜터덜 발걸음을 옮기다가 우연히 서점을 본 아름이는 무릎을 탁 치며 말했죠.

"그래! 책이라면 이 돈으로 살 수 있겠다."

아름이는 서점으로 향했어요. 형에게 줄 책을 고르는 동안에도 아름이는 땀에 젖은 손을 주머니 속에 넣고 나를 계속 만지작거렸어요.

'나를 가만 좀 놔 두렴. 난 구겨지는 것도 싫지만, 땀이나 물에 젖는 것은 더더욱 싫단 말이야.'

나는 진땀을 흘리면서 어서 빨리 아름이의 손에서 벗어나기만을 기다렸답니다. 드디어 아름이가 창작 동화집 한 권을 고르더니, 나와 함께 있던 만 원짜리 지폐를 내고 이천 원을 거슬러 받았어요. 결국 나는 밖으로 나가지 못했죠. 그런데 주머니 속에 새로 들어온 친구들이 내 몸이 축축한 데다 냄새까지 난다고 가까이 오기조차 꺼려하지 뭐예요.

'앗, 창피해. 주인을 잘못 만나서 이게 무슨 꼴이람!'

그러는 사이 간신히 선물을 사게 된 아름이는 후유~하고 한숨을 내쉬며 혼잣말을 했습니다.

"큰일날 뻔 했다. 앞으로는 남에게 잘 보이려고 계획에 없는 돈을 쓰지 말아야지."

현명한 소비습관은 어떤 건가요?

값으로 매길 수 없어요

 아름이네 학교

아름이 바지 주머니 속에서 결국 빠져 나오지 못한 채로 힘들게 하룻밤을 보낸 나는 아름이와 함께 학교까지 오게 되었습니다. 몸은 지쳤지만, 학교 구경도 하고 공부도 할 수 있어서 기분이 조금 나아졌지요.

수업 시간에는 남을 돕는 삶에 대한 이야기를 듣게 되었어요. 지금 선생님께서 아프리카의 오랜 가뭄과 기근에 대해 말씀하시고 있네요.

"지금 아프리카는 몇 해 동안이나 비가 오지 않아 심한 가뭄을 겪고 있다고 합니다. 농사도 지을 수가 없겠죠. 그러다 보니 먹을 것이 없어서 굶어 죽는 사람들이 점점 늘어나고 있다고 해요. 특히 여러분과 같은 어린이들의 사망률이 아주 높다니 정말 슬픈 일이에요."

이야기를 들으니 정말 안타까운 마음이 들었어요. 먹을 게 없어서 죽어가는 어린이들을 살릴 수 있다면 정말 좋으련만……. 아름이도 안타까운 마음이 들었는지 표정이 어두워 보였습니다.

선생님께서는 이어서 말씀하셨어요.

"그 어린이들을 살릴 수 있는 것은 구하기 힘든 약이나 어마어마한 수술이 아니라, 단지 먹을 것과 마실 물 정도라고 해요. 우리의 한 끼 식사 비용을 아껴서 보내면 그곳 어린이들이 일주일 동안이나 굶지 않고 식사를 할 수 있어요. 이런 걸 '기부'라고 하지요. 기부는 남을 돕기 위해 또는 사회의 여러 가지 여건을 개선해 더욱 살기 좋은 곳으로 만들기 위해 돈이나 물건을 대가 없이 내놓는 것을 말한답니다. 기부는 개인이나 기업은 물론 여러분과 같은 어린이들도 할 수 있는 일이에요. 여러분도 참여해 보면 어떨까요?"

기부라고요? 처음 듣는 말이지만 그 말 속에서 왠지 따스함이 느껴지네요. 그때 갑자기 교실 저편에서 한 아이가 볼멘소리로 말했어요.

"하지만 대가 없이 다 줘 버리면 저한테는 남는 게 없잖아요. 나중에 아까운 마음이 들지 않을까요?"

선생님께서는 빙그레 웃으시면서 말씀하셨어요.

"기부를 통해 얻어지는 기쁨과 보람은 값을 매길 수 없는 귀한 선물이란다. 아까운 마음은 절대로 들지 않을 게다."

바로 그때 아름이가 손을 번쩍 들더니 선생님께 질문을 했어요.

"선생님, 그럼 저희같은 어린이들은 어떻게 참여할 수 있을까요?"

"인터넷으로 검색하면 유니세프, 월드비전, 국제 기아대책기구, 국제 아동돕기연합을 비롯한 여러 구호 단체들이 나온단다. 또 환경 문제나 여성·교육 문제 등에 관심을 두고 활동하는 시민 단체들도 있지. 여러 단체에 대한 설명을 잘 읽어 보고 동참하고 싶은 단체를 골라 가입한 다음, 후원 신청을 하면 된단다. 아름이도 한번 참여해 볼래?"

이어서 선생님은 반 전체 어린이들에게 말씀하셨어요.

"혹시 기부에 참여하고 있는 친구들이 있나요?"

몇몇 친구들이 손을 들고 말했어요.

"선생님, 저는 매달 '두레 장애인복지재단'에 제 용돈을 나누어 보내고 있어요."

"저희 가족은 사랑 보육원에 매달 돈을 보내고, 또 한 달에 한 번씩은 온가족이 봉사 활동을 가요."

"어머니께서 반찬을 만들어 주시면 제가 혼자 사시는 노인들께 가져다

드려요."

"저는 북한 동포를 돕고 있어요. 제 통장에서 매달 조금씩 자동이체로 보내지게 해 놓았어요."

아이들의 말을 다 들으신 선생님께서 뿌듯한 얼굴로 말씀하셨어요.

"그래요. 해외뿐만 아니라 우리 주변에도 도움을 필요로 하는 사람들이 정말 많지요? 선생님은 우리 학생들이 정말 대견하고 자랑스럽네요."

이야기를 들어 보니 기부에 참여하는 친구들이 생각보다 많은 것 같았어요. 이야기를 듣는 아름이의 표정이 꽤나 심각해지네요. 아름이가 정말 기부를 하려는 것일까요? 그렇다면 나도 한번쯤 그런 좋은 일에 쓰였으면 하는 소망이 생겨요. 그렇게 된다면 정말 뿌듯할 것 같아요.

아름이는 집에 오자마자 컴퓨터 앞에 앉았어요.

"지금까지는 용돈이 나를 위해서만 있는 것인 줄 알았는데……. 기부를 하고 있는 친구들이 그렇게 많다니! 이젠 나도 용돈을 쪼개 다른 사람을 돕는 데 쓸 거야."

아름이가 정말 기부를 하려나 봐요. 인터넷으로 무언가를 한참 검색하더니 엄마께 가서 이것저것 묻기도 하는 거예요. 그러고는 기부를 결심한 듯 아름이는 나를 집어 들고 서둘러 집을 나섰지요.

 **포동 은행을 거쳐 구호 단체로**

아름이가 도착한 곳은 바로 포동 은행이었어요. 아름이는 나와 친구들을 모두 '지로'라는 방법을 통해 구호 단체에 보냈답니다.

　지금 내가 있는 이곳은 아시아는 물론 중동 지역, 남아메리카와 아프리카까지 돕는 국제 구호 단체라고 해요. 여기 모인 대부분의 친구들은 어른들의 월급이나 생활비에서 보내진 친구들이었어요. 물론 나처럼 어린이 용돈이었던 친구들도 더러 있었습니다. 코흘리개 꼬마가 저금통을 통째로 보내 온 경우도 있었고요. 여기 와서 친해진 친구 '조이'는 내게

이런 말을 해 주었어요.

"내가 있던 곳은 큰 회사였어. 그 회사는 기업의 이익을 사회에 되돌려 주는 것을 기업 정신으로 삼고 있었지. 그래서 구호 단체는 물론 여러 시설에 돈을 보낸다고 하더군. 그곳 직원들은 하나같이 기부가 중요하다고 말했어. 그런 말을 들으니까 내 어깨가 저절로 으쓱해지던 걸."

나는 기부가 아주 뜻 깊은 일이라는 것을 알았어요. 조이가 있던 회사의 사장은, 세상의 많은 사람들이 어려운 가운데서도 월급을 쪼개고 생활비를 아껴서 이웃을 돕고 있다며, 많은 이윤을 내고 있는 대기업들이 더 큰 역할을 해야 한다고 말했대요. 기부는 밝고 따뜻한 기운이 느껴지는 아름다운 일이란 생각이 자꾸 드네요. 다시 한번 내가 자랑스러웠죠.

구호 단체 직원은 나를 옥수수 가루를 사는 데 쓸 것이라고 했어요. 옥수수 가루는 아프리카에서 영양 실조로 고생하는 어린 아이들에게 먹일 영양죽의 재료라고 해요. 내가 직접 아프리카로 가는 건 아니지만 나를 가지고 그곳으로 보낼 구호품을 산다고 하니 직접 가는 것과 다름없이 벅차고 뿌듯했어요. 분명 나도 생명을 구하는 작은 힘이 된 것이죠.

우리 조상들도 기부를 했나요?

돈아, 커져라 얍!

 ### 한창업 씨 가게에서 믿음 증권사로

여기는 한창업 씨 사무실에 있는 금고예요. 무슨 소리가 들려요. 가게 주인 한창업 씨가 딸 미래와 함께 문을 열고 들어오는 소리네요. 곧 금고 문도 열리겠지요?

"아빠, 오늘 학교 재량 휴업일인데 뭘 하면서 보내면 좋을까요?"

"아빠와 함께 증권 회사에 다녀오자꾸나."

"증권 회사요? 증권 회사가 뭐하는 곳인데요?"

"주식이나 채권의 거래를 도와주는 곳이지. 지난 가을에 아빠가 강원도에서 생산된 옥수수를 사들여서 가루로 만들어 놓았단다. 그런데 이번에 구호 단체에서 대량으로 그 옥수수 가루를 사 갔지. 거기서 생긴 이익을 주식에 투자하려고 해."

"투자요? 그건 또 뭐예요?"

"우리 미래가 궁금한 것이 많은 모양이구나. 증권 회사로 가면서 차근

차근 설명해 주마."

나 역시 미래 못지않게 궁금한 게 참 많았어요.

'주식이 뭘까? 채권은? 투자는 또 뭐람?'

뚜벅뚜벅. 한창업 씨가 금고로 다가오네요. 금고 문이 열리면 난 또다시 여행을 떠나게 될 거예요. 이번에는 증권 회사로 가게 되나 봅니다.

차를 타고 가면서 한창업 씨는 미래가 궁금해하던 것들에 대해 자세히 설명해 주셨어요.

"회사를 운영하려면 많은 돈이 필요한데, 그걸 한꺼번에 준비하기는 매우 어렵단다. 그래서 회사는 운영에 필요한 돈을 공개적으로 모으기 위해 증서를 발행하지. 그걸 '주식'이라고 해. 주식을 발행해서 회사 운영에 필요한 돈, 즉 자본을 마련하는 회사를 '주식 회사'라고 부르지."

"아, 그렇군요. 궁금한 게 또 있었는데, 뭐였더라? 채, 채 뭐였는데."

"채권?"

"맞아요, 채권! 그건 뭐예요?"

"채권은 회사나 정부가 필요한 돈을 빌리기 위해 발행한 증서를 말해. 거기에는 발행 기관, 금액,

기간, 이자액이 적혀 있어서 약속한 기간이 끝나면 이자와 함께 원금을 돌려받을 수 있지."

"그럼 투자는 뭐예요?"

"투자는 이익을 얻기 위해서 어떤 일에 돈을 대거나, 시간이나 정성을 쏟는 걸 말한단다. 개인이 할 수 있는 대표적인 투자가 바로 주식이나 채권을 사는 것이지."

"그럼, 주식이나 채권을 사면 항상 이익을 얻게 된다는 말씀이세요?"

"꼭 그런 것만은 아니야. 주식을 예로 들어 볼까? 투자한 회사가 이익을 얻어 성장하면 주식을 가지고 있는 사람, 즉 '주주'에게도 배당금이라고 하는 이익이 돌아가지만, 반대의 경우에는 오히려 투자한 돈을 잃을 수도 있어. 그러니까 주식에 투자하기 전에 그 회사가 성장할 것인지를 신중하게 따져 봐야 한단다. 투자에는 늘 위험이 따르거든."

"아빠의 설명을 들으니 이제 조금은 알 것 같아요."

"증권 회사에 직접 가서 보면 더 이해가 쉬울 거야."

잠시 후 우리가 도착한 곳은 믿음 증권사였어요. 안으로 들어서니 사람들이 모두 같은 방향을 바라보고 앉아 있었습니다.

'왜 한 방향만 바라보고 있는 것일까?'

궁금한 마음에 눈길을 돌린 그곳엔 한쪽 벽면을 가득 메울 정도로 엄청나게 커다란 전광판이 있었답니다. 전광판에는 수많은 회사 이름들과 빨갛고 푸른 숫자들이 복잡하게 표시되어 있었는데, 그것을 일일이 확인하는 사람들의 눈길이 아주 바쁘게 움직이고 있었어요.

"아빠! 여기가 바로 주식을 사고파는 시장인가 봐요."

"아니, 주식의 시장이라 하면 증권 거래소나 코스닥 시장 같은 곳을 말하지. 그런데 증권 거래소에서는 개인이 주식을 사고파는 거래를 할 수가 없게 되어 있단다. 그래서 믿음 증권사 같은 증권 회사를 통해서 거래를 하는 거란다. 그 때문에 아빠도 증권 회사를 찾아온 것이지. 이 증권 회사에 예금 통장 같은 계좌를 만들어서 주식을 사고파는 거래를 하려고 말이다."

한창업 씨와 미래가 이야기를 나누고 있는 사이, 나이 지긋한 중년 신사 한 분이 한창업 씨에게 다가와 인사를 건넸습니다.

"자네, 오랜만이군. 그간 잘 지냈나? 그런데, 여긴 어쩐 일인가?"

"예, 주식을 좀 사려고 나왔습니다. 큰별 전자와 하늘 항공 중에서 어느 회사의 주식을 살까 고민 중입니다."

"자료를 꼼꼼히 살펴보고 신중하게 선택하도록 하게. 나는 이번에 채권을 사려고 왔다네. 더 안전한 방법으로 투자해 보려고 말일세."

한창업 씨는 중년 신사와 인사를 나누고 나서 컴퓨터 앞으로 갔어요. 어디에 투자할지 자료를 찾으려는 듯 했어요. 신중히 자료 분석을 한 한창업 씨는 이번에 신기술을 개발하여 전망이 좋아졌다는 큰별 전자의 주식을 사는 데 나를 쓰기로 했답니다.

 큰별 전자 경리부

나는 큰별 전자의 경리부에 와 있어요. 이곳은 큰별 전자 전체의 돈에 관한 사무를 맡아 보는 곳이랍니다. 여기에 있는 친구들은 나와는 다른 경로로 이곳에 오게 되었다고 해요.

"난 이 회사에서 생산한 냉장고를 팔아서 벌어들인 돈이야."

"나는 은행에서 왔어. 바로 예금 이자지."

"난 채권을 팔아서 받은 돈이야. 그러니까 난 언젠가는 다시 돌려줘야 하는 돈이라더군."

"난 텔레비전을 다른 나라에 수출해 벌어들인 돈이지. 이 회사의 제품은 외국에서도 인기가 있단다."

나도 말했어요.

"나는 이 회사에서 발행한 주식에 투자되어 이곳에 오게 되었어. 그런데 우리는 앞으로 어디로 가게 될까?"

친구들이 서로 앞 다투어 말하기 시작했어요.

"아마 제품을 만드는 데 필요한 재료를 구입하는 돈이 될 거야."

"꼭 그렇지만은 않을 거야. 직원들에게 임금으로 지급될 수도 있고 광고비로도 지출될 수 있잖아?"

"회사를 운영하려면 전기 요금이나 수도 요금 같은 여러 가지 관리비도 내야 하니까 그렇게 쓰일지도 모르지."

"국가에 세금을 내기도 하잖아. 소득세, 법인세, 부가가치세 같은 거 말이야."

"은행에서 대출받은 돈에 대한 이자로 지출될 수도 있어."

"아니야, 어쩌면 기부될 수도 있어."

아아, 이번엔 또 어디로 가게 될까요? 사실, 지금은 너무 피곤해서 그냥 이대로 쉬고 싶은데 말이에요.

어린이도 투자할 수 있나요?

원이, 또 다른 여행을 꿈꾸다

 **산업은행에서 다시 한국은행으로**

　큰별 전자에서는 나를 산업은행으로 보냈어요. 아마 세금을 내는 용도로 나를 사용한 것 같아요. 이곳에 와서 알게 된 건데 산업은행처럼 특수한 목적을 지닌 은행들이 더러 있다고 하네요. 그런 은행은 일반은행과 구분해서 특수은행이라고 부른답니다.

　산업은행에 머문 것은 잠시 뿐, 산업은행에서는 나를 다시 한국은행으로 보내었지요. 지난 해에 한국은행으로부터 대출받은 돈을 다시 갚은 거래요. 물론 이자도 함께였죠.

　한국은행에 오자마자 나는 다시 금고로 들어가게 되었어요. 금고 문이 닫히고 사람들이 떠나자 여기저기에서 도란도란 이야기를 나누는 소리가 들려왔어요. 돈들이 한자리에 모여, 자기가 이전에 있었던 곳에 대해 이야기꽃을 피우고 있었어요.

　"난 새마을금고에서 왔어. 슈퍼마켓을 운영하는 아저씨가 물건을 파는 대신 나를 받아 새마을금고에 저축한 거지. 그곳은 주로 그 지역 주민들이 찾아와 돈을 맡기기도 하고 빌리기도 하더라고."

"내가 있던 곳은 보험 회사였답니다. 보험이라는 게, 평소에 조금씩 돈을 내다가 위험이 발생하면 그 경제적 손해를 한꺼번에 보상해 주는 제도라고 하더군요. 내 주인은 갑자기 사고를 당하거나 병이 났을 때를 대비해 보험을 들었답니다. 보험 회사에서 들으니까, 교통사고에 대비해서 드는 보험, 병이 들었을 때 도움을 받을 수 있는 보험, 화재를 비롯한 여러 가지 사고에 대비한 보험 등 다양한 종류의 보험이 있다네요. 사람들은 각자 필요한 보험에 가입하고 모두 다른 액수의 돈을 내는 것 같았어요."

"난 신탁 회사에 있었지요. 내 주인은 초등학생이었는데 투자를 하고 싶었나 봐요. 하지만 아직 투자를 하기엔 전문적인 지식이 부족해서 나를 투자 전문가가 있는 신탁 회사에 맡긴 거죠."

"우체국도 재미있는 곳이에요. 어떤 사람들은 우체국을 편지나 소포를 배달하는 곳으로만 알지요. 하지만 우체국에서도 은행이나 협동조합, 새마을금고처럼 돈을 예금하고 대출해 준답니다. 보험에 가입할 수도 있는 걸요. 아참, 그곳에선 각 지역의 특산품을 사고팔기도 하던데, 정말 다양한 일을 하는 곳이

돈, 쓰고 모으고 불리고 나누기 ● 83

지요? 아, 내가 어떻게 우체국에 가게 되었냐고요? 어떤 아주머니가 우체국에 나를 세금으로 냈거든요."

"전 농협에서 왔어요. 수박 농사를 짓는 할머니가 지난 겨울 비닐하우스를 만드느라 빌려 갔던 돈을 갚기 위해 나를 농협에 보냈지요. 농업 협동조합은 조합원인 농민들의 발전을 위해 있다고 하던데……."

"어, 나랑 비슷한데? 반가워. 난 어민들이 조합원인 수협에서 왔어."

"난 신용 협동조합에서 왔는데."

"난 상호신용금고에서."

"난 투자신탁회사에서 왔지."

갑자기 여기저기서 이야기를 하는 바람에 금고 안은 순식간에 소란스러워졌어요. 나도 내 이야기가 하고 싶었는데……. 하지만 한 가지 알게 된 게 있어요. 은행과 비슷한 일을 하는 기관들이 아주 많다는 것을요.

금융 기관이란 돈을 맡아 주거나 빌려 주는 일을 하는 곳이지요. 다양한 종류의 금융 기관이 있답니다.

여길 봐요~

일반은행: 일반적인 금융 업무를 하는 은행

특수은행: 특수한 목적을 위해 만들어진 국가가 관리하는 은행

협동조합: 농민, 어민, 중소기업인 등 조합원을 위한 금융 업무를 하는 곳

보험 회사: 뜻밖의 사고나 재난에 대비할 수 있게 하는 곳

증권 회사: 주식이나 채권의 거래를 돕는 곳

신탁 회사: 투자를 대신해 이익금을 얻도록 돕는 곳

한참 이야기를 듣고 나니, 그동안 여행하느라 쌓였던 피로가 한데 몰려왔어요. 생각해 보니, 참으로 많은 곳을 여행한 것 같아요. 내 몸을 살펴보니 어느새 여기저기 구겨지고 찢기고 멍들어 있었죠. 이런! 낙서까지 되어 있으니, 정말 보기 흉하지 뭐예요. 온통 욱신거리고 아픈데다 기분까지 우울해졌어요. 푹 쉬다보면 기분이 좀 나아질까요?
　5박 6일간의 여행을 마쳤으니 이젠 좀 쉬어야겠네요. 이 휴식 뒤에 있을 또 다른 멋진 여행을 상상하면서 말이에요.

경제, 원이에게 한 수 배우다

원이의 여행 이야기는 마치 내가 직접 다녀오기라도 한 것처럼 신기하고 생생했어요. 원이의 이야기를 듣다가 밤이 깊어져서 잠이 들었나 봐요. 글쎄 내가 책상에 엎드려서는 침까지 흘리며 정신 없이 자고 있었던 거 있죠.

겨우 6일간의 여행이었는데도 원이는 참 많은 경험을 했나 봐요. 원이 덕분에 나도 다양한 경제 활동에 대해 배웠고, 나, 노경제 한 사람의 경제 활동이 얼마나 중요한 것인지도 깨닫게 되었어요.

다시 한국은행으로 돌아온 뒤에도 원이의 여행은 계속되었대요. 그러다 마침내 삼촌 집 근처의 DVD 대여점까지 오게 된 거죠. 삼촌은 그 대여점에서 DVD를 빌리며 거스름돈으로 원이를 받았고, 삼촌의 귀여운 조카인 나, 노경제는 삼촌에게 세뱃돈으로 원이를 받게 된 거예요.

귀엽고 똑똑한 원이 녀석을 만나지 못했다면 나는 바람직한 경제 활동이 어떤 것인지도

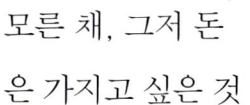

모른 채, 그저 돈은 가지고 싶은 것을 맘껏 사는 데 필요한 것이라고만 생각하며 살았을 거예요. 하지만 이제는 돈을 어떻게 관리해야 할지 알 것 같아요. 원이가 가르쳐 준 대로 용돈을 쓴다면 엄마, 아빠도 나를 믿어주시고 대견해하시겠지요? 또 나, 노경제 한 사람이 바람직한 경제 활동을 하는 것은 우리 가정의 경제뿐만 아니라, 아마 우리나라 경제를 발전시키는 데도 작지만 좋은 씨앗이 될 거예요.

내게 이렇게 엄청난 깨달음을 준 원이야! 늦었지만 너를 나의 경제 선생님으로 임명한다. 정말이야. 앞으로도 잘 부탁해!

 원이도 잠이 들었나 봐요. 책 사이에서 곤히 잠든 원이는 앞으로도 계속될 여행 꿈을 꾸고 있을까요? 귀를 대어 보니 쌔근쌔근 숨소리가 들리는 듯 합니다. 경제 이야기를 들려주던 원이의 목소리가 아직도 귓가에 맴도네요.